Meine Pädagogik

Montessori-Perlen

Herausgegeben von
Harald Ludwig und Michael Klein-Landeck

Meine Pädagogik

Maria Montessori

Meine Pädagogik

Einführung in eine neue Erziehung

Herausgegeben und mit einem
Nachwort versehen von
Harald Ludwig

HERDER

FREIBURG · BASEL · WIEN

MIX
Papier | Fördert gute Waldnutzung
FSC® C014496

www.herder.de

Umschlaggestaltung und -konzeption: rsrdesign, Wiesbaden
Umschlagmotiv: Maria Montessori mit Perlenkette, 1936

Satz: SatzWeise, Bad Wünnenberg
Herstellung: GGP Media GmbH, Pößneck
Printed in Germany

ISBN Print 978-3-451-38748-7
ISBN EBook (PDF) 978-3-451-81983-4
ISBN EBook (EPUB) 978-3-451-81987-2

Inhalt

Vorbemerkung

Die Italienerin und Weltbürgerin Maria Montessori (1870–1952), deren 150. Geburtstag am 31. August 2020 weltweit gefeiert wurde, war nach dem Urteil vieler die bedeutendste Pädagogin des 20. Jahrhunderts. Schon zu ihren Lebzeiten waren Erziehungsinstitutionen, die sich an ihrer Pädagogik orientierten, in aller Welt verbreitet. Heute findet man sie in mehr als 140 Ländern.

Im Mittelpunkt des pädagogischen Denkens Maria Montessoris steht das Kind mit seinen grundlegenden Entwicklungsbedürfnissen und Aufbaukräften. Erziehung bedeutet für sie, dem Kind, dem Jugendlichen, dem Menschen überhaupt Hilfe zu leisten beim Selbstaufbau seiner Persönlichkeit. Dieser Grundansatz wird von der international wirkenden Pädagogin lebenslang beibehalten und in Theorie und Praxis immer weiter ausgebaut.

Die folgenden Texte können als Einführung in die Pädagogik Maria Montessoris dienen. Der erste ist ein umfassender Artikel, den Montessori eigens für ein 1934 erschienenes deutsches Handbuch verfasst hat. Der zweite Text erschien 1942 in Indien. Nähere Informationen zum Entstehungszusammenhang der Texte finden sich im Nachwort des Herausgebers.

Harald Ludwig

Meine Pädagogik

In allen Ländern wird daran gearbeitet, die Erziehung zu verbessern. Eine Reihe psychologischer Wissenschaften mit den verschiedensten Namen ist mit dem Zweck entstanden, das Kind zu studieren. Die meisten dieser Studien basieren auf Charakteristika, die allgemein als normalen Kindern gemeinsam gelten, und alle Voraussetzungen und alle Folgerungen bleiben Theorie. Auch wenn die Forschung zu einem Ergebnis geführt hatte, fehlte der Weg, diese Erkenntnis dem kindlichen Leben nutzbar zu machen. Doch in den meisten Fällen glaubt man trotz aller Forschung auch heute noch, dass der Erwachsene den Charakter eines Kindes formen könne und dass es nicht nur die Aufgabe, sondern die Pflicht des Erziehers sei, diese Formung vorzunehmen. Dem Kind und seiner schöpferischen Kraft überlässt man den kleinsten Teil dieser Bildungsarbeit.

Fast alle Pädagogen und Eltern betrachten die Kindheit als ein Durchgangsstadium zum Erwachsensein, und in diesem Sinne bestimmt der Erwachsene alle Bedürfnisse des kindlichen Lebens.[1] Der Charakter muss gefestigt werden, das Kind muss sich bestimmte moralische Eigenschaften aneignen, andere unmoralische unterdrücken. Auch der Geist muss gebildet werden, und ein bestimmtes Kulturgut erwerben. Man verlangt vom Kind, in der gleichen Weise zu arbeiten wie der Erwachsene: zielbewusst und mit geringstem Kraftaufwand. In festgelegten Zeitabschnitten muss ein bestimmtes Pensum erreicht werden. Die Ordnung beim Kind wird von außen diktiert, und Gehorsam und Disziplin sind die Folgen der Autorität des Erwachsenen. Wie es um die innere Ordnung eines Kindes bestellt ist, interessiert immer erst dann, wenn ein Kind krank, übernervös oder über das Normalmaß hinaus »ungezogen« ist.

Die Pädagogik verlangt, ebenso wie die Medizin, dass die Erziehung am ersten Tage des Lebens des Kindes beginne. Die Medizin fordert besondere Rücksicht vom Erwachsenen auf die physische Entwicklung des Kindes, Rücksicht auch schon *vor der Geburt des Kindes,* die also nur der Erwachsene nehmen kann. Die Medizin gibt Richtlinien und Hilfen, die wir als Regeln der Hygiene und Kinderpflege kennen und die sich allein an den Erwachsenen richten. Die Pädagogik dagegen gibt nur ein Prinzip, gleichsam einen Rat, wie der Erwachsene seine eigene Arbeit, seine Erziehungsarbeit, am leichtesten durchführen kann. Sie gibt Hilfen für den Erwachsenen, aber nicht für das Kind. Man gibt den Rat, mit der Erziehung im frühesten Alter einzusetzen, solange das Kind noch wie *weiches Wachs* sei. Es sei leichter, das kleine Kind aus weichem Wachs zu formen als das ältere, das nicht mehr so formbar sei. Und so erzieht man das Kind vom ersten Tag seines Lebens an, und bestraft es für seine Fehler und seinen Ungehorsam. Der Erwachsene hat also den Nutzen der pädagogischen Lehre, nicht das Kind.

Wenn ein Problem trotz aller aufgewandten Kraft und Anwendung aller zur Verfügung stehenden Mittel schwer zu lösen bleibt, so liegt dies oft daran, dass man nicht jeden einzelnen Faktor, der für die Lösung von Bedeutung sein könnte, genügend beachtet hat. Ist der übersehene Faktor erst einmal entdeckt, so ist das Problem von überraschender Einfachheit. Gerade die besonders nahe liegenden Faktoren lässt man meist unbeachtet.

Immer hat man sich an die Persönlichkeit des Kindes nur in dem pädagogischen Sinn gewendet, der das Kind zum *Objekt der Erziehung und des Unterrichts* macht. Gemäß dieser pädagogischen Ausrichtung hat man die Art der Beziehung zwischen dem Kind und dem Erwachsenen festgelegt. Die Natur dieser Beziehung zwischen dem Kind und dem Erwachsenen hat man aber zu erforschen versäumt, so dass man sie nicht erkennen konnte.

Geht man aber diesem Aspekt genauer nach, so taucht ein *soziales Problem* auf, das niemals Beachtung gefunden hat: Der übersehene Faktor ist gefunden. Das Kind und der Erwachsene leben in einer Vereinigung der Zwietracht und des Kampfes. Es sind *zwei vollkommen verschiedene Wesen.*

Der *Erwachsene* ist ein willensstarker, selbstbewusster Mensch im Vergleich zu dem kleinen, unwissenden *Kind,* das hilflos seiner Obhut anvertraut ist. Der Erwachsene hat sich mit seiner produktiven, nach außen gerichteten Arbeit eine Umgebung geschaffen, die seinen Bedürfnissen entspricht. In dieser Umgebung lebt das Kind wie ein *außersoziales Wesen,* das nichts zu dieser Gesellschaft beitragen kann, da das Ziel *seines* Lebens und *seiner* Arbeit sich *auf sein Inneres* und nicht auf die Außenwelt richtet.

Das Kind ist so ein Fremder in der sozialen Ordnung des Erwachsenen und könnte sagen: ›Mein Reich ist nicht von dieser Welt‹. Die Pädagogik hat also Forderungen aufzustellen, die sich an den Erwachsenen richten und nicht an das Kind.

Aus der Erkenntnis der richtigen Beziehung zwischen dem Kind und dem Erwachsenen konnten wir mehr finden als eine abstrakte Psychologie. Wir haben *das neue Kind* gefunden, das sich uns durch wunderbare Äußerungen offenbart hat. Wir sehen also klar, dass die Kindheit ein Stadium des Menschseins ist, das sich vollkommen von dem des Erwachsenseins unterscheidet. Wir haben erkannt, dass es sich um *zwei verschiedene Formen des menschlichen Lebens* handelt. Das Kind trägt nicht die verkleinerten Merkmale des Erwachsenen in sich, sondern in ihm wächst sein eigenes Leben, das seinen eigenständigen Sinn hat. Wer ist es, der diese zweite Schöpfung, das Werden des Erwachsenen, vollbringt? Wachsen vielleicht die Eltern für das Kind? Formt etwa der Erzieher den Charakter? Bildet der Lehrer den Geist? Das Reifen des Menschen im Kinde ist eine Art neuer Schwangerschaft, die länger währt als die Schwangerschaft im Mutterleib, und *das Kind allein ist der Bildner seiner Persönlichkeit.* Es ist ein schöpferischer Wille, der es zur Entwicklung drängt. Im ganz kleinen Kind ist die Zeichnung des Charakters noch nicht sichtbar, aber in ihm ruht, wie in einer Zelle, die ganze zukünftige Persönlichkeit.

Der Erwachsene soll nicht danach streben, ein mächtiger Erzieher zu werden, sondern er muss seine Beziehungen zum Kind harmonisch gestalten und dem Kind gegenüber eine verständnisvolle Einstellung erwerben. Dann wird es für ihn eine Selbstverständlichkeit werden, *dem Kind eine Umgebung zu schaffen, die seiner Aktivität angepasst ist,* damit es – Herr in dieser Umgebung – sich frei entwickeln kann. Es ist notwendig, dass der *Erwachsene* die beiden verschiedenen Lebensrhythmen anerkennt, sie ordnet und miteinander ausgleicht, dass er die Grenzen begreift, innerhalb deren er pädagogisch handeln darf. Es ist notwendig, dass er sich dem Kind gegenüber beherrschen lernt. Wir predigen *Zurückhaltung* und *Geduld* als fundamentale Vorbereitung des Lehrers und Zurückhaltung und Geduld allen Müttern und Vätern und allen denen, die mit dem Kind in Berührung kommen. Diese Zurückhaltung wird das Kind nicht verweichlichen oder verwöhnen, sondern ihm das größte Hindernis für die gesunde Bildung seiner Persönlichkeit aus dem Weg räumen.

> Auch wir gebrauchen den *Vergleich mit dem Wachs,* doch in ganz anderer Weise. Es ist wahr, dass das Kind in seiner frühen Lebensepoche gleich weichem Wachs ist, aber dieses Wachs kann nur von der sich entfaltenden Persönlichkeit sel-

ber geformt werden. Die einzige Pflicht des Erwachsenen ist es, diese Formung des Wachses vor Störung zu bewahren, damit die feinen Zeichnungen, die das erwachende psychische Leben des Kindes dem Wachs einritzt, nicht ausgelöscht werden. Das kleine Kind formt die Sprache, bevor es sprechen kann; es formt die Bewegungen, bevor es die Herrschaft darüber gewonnen hat. Wenn der Erwachsene diese zarten Formungen auslöscht, so ist das so, wie wenn die Meereswelle, wenn sie auf den Sand schlägt, alles verwischt; und wer hier etwas aufbauen wollte, müsste stets neu anfangen und würde dabei ermüden.

Wir verstehen unter Erziehung, der psychischen Entwicklung des Kindes vom Beginn seines Lebens an zu helfen. Wir wollen dieses Kind schützen und pflegen, das immer wachsen muss, jeden Tag und jede Stunde, und dessen Arbeit die größte Schöpferarbeit der Menschheit ist. So wie sein Körper in Intervallen wächst und sich entwickelt, so wächst auch seine Persönlichkeit in *Perioden bestimmter Sensibilität.* Die ganze Entwicklungsarbeit, die das Kind leistet, wird von Gesetzen bestimmt, die wir nicht kennen, und folgt dem Rhythmus einer Aktivität, die uns fremd ist. Wir versuchen nicht, diese geheimnisvollen Kräfte zu ergründen, sondern wir achten sie als ein *Geheimnis des Kindes,* das nur ihm allein gehört. Die Hilfe, die wir zu geben vermögen, liegt allein in der äußeren Welt.

Dies erfordert vom Erwachsenen eine weise Zurückhaltung. Denn eine Eigenart der Beziehungen zwischen dem Kind und dem Erwachsenen – die letzterem schrankenlose Macht gibt – liegt darin, dass *das Kind immer in Beziehung zum Erwachsenen steht, aber niemals umgekehrt.* Wir können unser Leben auch ohne das Kind gut führen, aber das Kind braucht den Erwachsenen zum Leben. Die *Lösung* dieser Bindung an den Erwachsenen ist eine Notwendigkeit für die Entwicklung des Menschen. Die Existenz eines Wesens verwirklicht sich nur, wenn es sich von Banden befreit, die es gefesselt halten.

In der Tat zielt auch das ganze unbewusste Streben des Kindes darauf ab, sich vom Erwachsenen zu lösen, um eine unabhängige Persönlichkeit zu werden. Unsere Erziehung trägt diesem Streben des Kindes sorgfältig Rechnung; und unser Ziel ist es, dem Kind in jeder Hinsicht zu helfen, sich von uns unabhängig zu machen. Wieviel Kraft gehört dazu, bis das kleine Kind sich vom Mutterschoß gelöst hat; bis es gelernt hat, alleine zu gehen, und nicht mehr getragen zu werden braucht; bis es sprechen kann, um das zu sagen, was es nötig hat; bis es all die Handlungen seines kleinen Lebens allein und richtig ausführen kann und nicht mehr der erdrückenden Hilfe des Erwachsenen bedarf. Wir sehen klar die Abschnitte seiner *Befreiung von der Abhängigkeit vom Erwachsenen*: Die Zähne geben ihm die Möglichkeit, sich unabhängig von der Mutter ernähren zu können. Sein Vermögen zu laufen bedeutet, sich ohne Hilfe des Erwachsenen fortbewegen zu können, und die Beherrschung des Sprechens ermöglicht ihm, sich mitteilen zu können, ohne auf die Auslegung seiner Wünsche durch den Erwachsenen angewiesen zu sein.

Aber dieser *kreativen Arbeit des kleinen Kindes* trägt der Erwachsene nicht Rechnung. Er glaubt im Allgemeinen, dass ein neugeborenes Kind für das Leben gerettet ist, wenn man die einfachsten *Forderungen der Hygiene* erfüllt. Das Weinen, das den Menschen durch sein ganzes Leben begleitet und das man dann als Ausdruck des Schmerzes versteht, wird in diesem ersten Lebensalter mit Befriedigung als eine Atemübung festgestellt. Wieviel Wünsche hat dieses kleine Wesen, die es noch nicht ausdrücken kann und die daher nie verstanden werden, und wieviel Leid durch ihre Nichterfüllung!

Die Menschen, die den Säugling in der ersten Zeit seines Lebens behüten und pflegen, müssten in einer ganz anderen Weise vorbereitet und geschult sein, als es jemals heute geschieht. Wie zart müsste dieses kleine Wesen angefasst werden und mit welcher Ruhe müsste es umgeben und mit welcher Aufmerksamkeit beobachtet werden, um alle seine Bedürfnisse, die von so ungeheurer Wichtigkeit für das ganze Leben sind, befriedigen zu können. Stattdessen richtet sich das Interesse der Eltern und selbst der besten Pflegerin auf die Dinge, die das Kind umgeben und die sein physisches Wohl gefährden könnten, während die Bedürfnisse der kleinen sich entfaltenden Seele vollkommen unbeachtet bleiben. Man schützt die Gegenstände vor den kleinen noch ungeschickten Händen; man fängt mit Tadel und Verboten an zu erziehen und merkt nicht, wieviel Wunden man damit in dieser kleinen Seele schlägt, obwohl es genügen würde, eine Umgebung zu schaffen, die für die Aktivitäten des Kindes geeignet ist. Die Handlungen des Erwachsenen in seiner Beziehung zum Kind sind nicht darauf gerichtet, dem Kind zu helfen, sondern seine Aktivitäten zu unterdrücken.

Das kleine Kind, das langsam anfängt, sich in der *Außenwelt* umzusehen, beginnt seine wichtige Epoche des *Beobachtens*. Es sammelt Bilder um Bilder und prägt sie seinem Gedächtnis ein. Der Erwachsene kann nichts Unmittelbares dazu tun, diese Arbeit zu unterstützen; aber er muss sich immer dessen bewusst sein, dass er sie nicht stören darf.

Erwachsene, welche ein kleines Kind auf den Arm nehmen, ohne zuvor den Ausdruck seines kleinen Gesichtes zu beachten, oder die mit ihm spielen oder es schaukeln, ohne sich darum zu kümmern, was das Kind eigentlich möchte, stören es vielleicht bei einer wichtigen Aufbauarbeit. *Ein kleines Kind muss alles Neue aufmerksam und lange betrachten,* sei es das Gesicht eines neuen Menschen oder sei es irgendein Gegenstand. Wie oft hat ein kleines Kind bei einer solchen Störung schon geweint, und niemand hat die Tränen richtig verstanden.

Wir lassen unsere kleinen Kinder ihre *Beobachtungen* machen. Wir stören sie nicht beim Sammeln dieser Bilder, die für sie die erste Kenntnis der Welt bedeuten.

Um die Außenwelt kennen zu lernen und sich in ihr zurecht zu finden, bedarf das Kind einer *Ordnung*, die einen Teil seines Lebens ausmacht und die es verteidigt, wo es nur kann. Es liebt die Dinge seiner Umgebung immer auf dem gleichen Platz zu sehen, und ist selbst bemüht, diese Ordnung, wenn sie einmal gestört ist, sofort wiederherzustellen.

Doch wie selten wird dieses Bedürfnis des Kindes erkannt und respektiert. Wie selten wird ihm hier geholfen! Wie oft sind Tränen und Verzweiflung die Folge eines solchen Unverständnisses! In den meisten Fällen glaubt nun der Erwachsene, den ersten Fehler des Kindes entdeckt zu haben, und beeilt sich, ihn zu verbessern. Wir dagegen sind der Auffassung, dass diese verzweifelten Äußerungen des kleinen Kindes Ausdruck seiner Enttäuschung sind. In der Familie muss es einen Platz geben, der nur ihm gehört und an dem die Dinge sich immer an derselben Stelle befinden. Es handelt sich hier aber nicht um einen materiellen Besitz im Sinne des Erwachsenen, sondern um einen geistigen Besitz des kleinen Kindes.

Besonders auffallend ist beim kleinen Kind das *Gedächtnis der Bewegung.* Wie oft, wenn der Erwachsene dem Kind etwas sagt, versteht es die Worte nicht, aber es behält die Bewegung, und dadurch merkt es sich, was man will. Wie oft verbindet ein Kind mit einem Wort eine bestimmte Bewegung, die vom Erwachsenen ausgeführt wurde, als es das erste Mal dieses Wort hörte; und wie unverständlich ist es dem Erwachsenen, wenn das kleine Kind später bei diesem Wort Bewegungen ausführt, die gar nicht mehr dazu passen. Statt dass man ihm hilft und dieses starke Gedächtnis der Bewegung dem Kind als Führer gibt, lächelt man über die unverständlichen Merkwürdigkeiten und verwirrt dieses aufmerksame kleine Wesen, das so voller Ernst das Richtige tun wollte und so stolz auf seine kleinen Kenntnisse war.

> Es ist so einfach, einem kleinen Kind die Handlungen des täglichen Lebens in langsamen, ruhigen Bewegungen vorzumachen, und der Erfolg wird stets sein, dass das Kind im frühesten Alter versucht, *alles allein zu tun,* allein isst, sich allein wäscht, sich allein anzieht, und so ein glücklicher Mensch zu sein.

Von gleich großer Bedeutung für die Entwicklung

des Kindes sind seine *eigenen spontanen Bewegungen.* Das Kind muss sich immer bewegen. Es kann nicht aufmerksam sein oder denken, wenn es sich nicht bewegen darf. Es hat uns selbst dieses Bedürfnis offenbart, und zwar nur, weil wir ihm die Freiheit zur Äußerung ließen. Es genügt für die Entwicklung des Kindes nicht, beobachten oder hören zu können, sondern es muss zur gleichen Zeit etwas *tun* können. Es führt oft eine bestimmte Bewegung viele Male hintereinander aus. Dies ist eine notwendige Übung, um die Ordnung seiner Bewegungen und die richtige Körperhaltung zu erlangen. Wir sind daher bemüht, den Bedürfnissen des Kindes in dieser Beziehung Rechnung zu tragen. Wir schließen es nicht in enge Stühlchen oder Gitterställe ein, sondern geben ihm die Möglichkeit, sich nach seinem Wohlgefallen zu bewegen und so seine kleinen Glieder zu üben.

Die Exaktheit und Beherrschung der Bewegungen wird vom *motorischen Apparat des Körpers* aufgebaut, und dieser ist eng mit der *Psyche* verbunden. Um aber den Aufbau dieses Apparates, der die physischen und psychischen Bedürfnisse des Kindes befriedigt, zu ermöglichen, *muss die Umgebung des Kindes einfach sein,* in allem den Maßen des kindlichen Körpers entsprechen und so seinen Aktivitäten angepasst sein. Wenn hingegen eine Umgebung für das Kind ungeeignet ist, so geht die Aktivität des Kindes zwar nicht verloren, aber sie wird in falsche Bahnen geleitet. Es wird keiner Mutter gelingen, auch wenn sie sich noch so sehr bemüht, die Bewegung, die das Kind ausführen möchte, zu unterbinden. Wenn sie einige davon verbietet, so bleibt dies für das Kind unverständlich. Es kann dieses Verbot nicht verstehen. Der Erwachsene spricht das Verbot aus, weil er den Sinn dieser Bewegungen nicht erkannt hat. Sie waren aber die notwendige Äußerung einer inneren Tätigkeit.

Ebenso unverständlich ist dem Erwachsenen, dass ein kleines Kind bei voller Handlungsfreiheit die kleinen Handlungen seines Lebens oft viele Male *wiederholt*. Es scheinen Handlungen ohne Zweck zu sein, denn der Erwachsene sieht nicht den Zweck, wenn ein Kind sich zwanzigmal hintereinander die Hände wäscht oder immer wieder einen schon sauberen Tisch scheuert.

Diese Erscheinung der *Wiederholung der Übung* findet sich bei jedem normalen Kind, das unter gesunden und ihm angepassten Bedingungen lebt. Es wiederholt die Übung wieder und wieder, und plötzlich hört es ohne sichtbaren Anlass auf. Wahrscheinlich hört es auf, weil eine innere Befriedigung erreicht worden ist. Die äußere Aktivität hatte ein inneres, uns unerkennbares Motiv. Das kleine Kind, das mit einem vorgegebenen Zweck sein Tun beginnt, vergisst diesen Zweck sehr bald über einer neu erwachenden spontanen Aktivität, die durch die *Freude an der Bewegung selbst* geweckt wird. So scheuert es den Tisch zehnmal, obwohl er schon sauber ist. Das Kind schließt die begonnene Tätigkeit nur ab, wenn seine *innere Aktivität* gänzlich befriedigt ist. Erst allmählich, wenn die für seine Handlungen notwendigen Bewegungen beherrscht werden und das Bedürfnis, sie auszuüben, nachlässt, erst dann rückt der Zweck, der zuerst kein Antrieb zum Tun war, in den Vordergrund, und die elementare Übung wird allmählich Ausdruck eines vernünftigen Tuns im Sinne der Tätigkeit mit einem nützlichen Ziel beim Erwachsenen.

Wir sehen daran, *dass die Arbeitsweise des kleinen Kindes vollkommen verschieden ist von der Arbeitsweise des Erwachsenen*. Das Kind arbeitet nicht zielbewusst und schnell, weil die Dinge der äußeren Welt für es niemals ein zu erreichendes Ziel darstellen, sondern sie sind ihm nur Mittel zur Bildung seiner Persönlichkeit. Alle Kräfte des kindlichen Lebens führen zur *Vervollkommnung seines inneren Lebens.* Wie kann man also ein Kind, das so ruhig und glücklich immer wieder seine kleinen Bewegungen macht, stören und ihm Einhalt dabei gebieten und ihm mit Worten etwas erklären wollen, was es überhaupt nicht wissen möchte? Es ist nicht unsere Aufgabe, dem Kind schnelles und zielbewusstes Arbeiten beizubringen. Schon ein solcher Versuch wäre verlorene Liebesmühe. Ein Kind, das sich in der richtigen Umgebung ungestört entwickelt, kommt ganz natürlich zu seiner Zeit dazu, zielbewusst zu arbeiten.

Dieser Impuls, den man nicht aufhalten, sondern höchstens auf einen falschen Weg bringen kann, ist für unsere Haltung dem Kind gegenüber von fundamentaler Wichtigkeit. Wir dürfen die spontanen Handlungen des Kindes nicht belächeln, weil sie keinen Sinn für uns haben, sondern wir müssen sie als interessante Äußerungen seines Wachstums betrachten.[2]

Das kleine Kind hat das intensive Bedürfnis nach *Sinneseindrücken.* Wir bieten dem Kind daher Gegenstände an, die ihm die Möglichkeit geben, mit Leichtigkeit und in größter Klarheit zu einer Befriedigung dieses Bedürfnisses zu kommen. Wir wissen, dass das Kind mit all seinen Sinnen die Umgebung erforscht und die gesammelten Bilder in sich ordnet und dabei eine Auswahl trifft. Da wir aber auch wissen, dass die zu komplizierte Umgebung, die zu viele Reize bringt, dem Kind die geistige Arbeit erschwert, versuchen wir, ihm zur Hilfe zu kommen, indem wir ihm *diese Reize in einer vorgegebenen Ordnung und Auswahl anbieten*, so dass ihm auch diese Arbeit des Ordnens der gesammelten Bilder erleichtert wird. Wir lehren das Kind, indem wir ihm einen Führer geben, der mit seinen instinktiven Bedürfnissen übereinstimmt und der ihm ein Gefühl der Freude gibt, weil er ihm zu befriedigender Arbeit verhilft. Wir bieten dem Kind mit dem *Material* eine *Serie geordneter Reize* an und lehren also nicht direkt, wie man es sonst zu tun pflegt, sondern vielmehr durch eine Ordnung, die im Material liegt und die das Kind sich selbstständig erarbeiten kann. Wir müssen alles in der Umgebung, also auch alle Gegenstände, so weit für das Kind vorbereiten, dass es jede Tätigkeit selbst ausführen kann.

Oft wird uns von einem Teil der Pädagogen und Psychologen vorgehalten, unser Material sei nutzlos für die Entwicklung des Kindes, weil es ihrer Meinung nach *gegen die Gesetze der Natur* sei.

Sie sagen, dem Kind müsse alles so natürlich angeboten werden, wie es sich in der Umwelt finde. Wenn man eine Farbe gebe, so dürfe man die Aufmerksamkeit nicht allein auf die Farbe lenken, die sich ja niemals für sich finde, sondern immer als Eigenschaft eines Gegenstandes. Farbe und Gegenstand bildeten also eine Einheit, und das Kind müsse die Farbe als eine der vielen Eigenschaften dieses Gegenstandes kennenlernen.

Wir aber entgegnen, unser *Material solle kein Ersatz für die reale Welt sein,* solle nicht allein die Kenntnis der Welt vermitteln, sondern solle Helfer und Führer sein für die innere Arbeit des Kindes. Wir isolieren das Kind nicht von der äußeren Welt, sondern wir geben ihm ein Rüstzeug, die ganze Welt und ihre Kultur zu erobern. Dieses Material ist wie ein *Schlüssel zur Welt* und ist nicht mit der Welt selbst zu verwechseln.

Fast immer wird dem kleinen Kind und noch viel häufiger dem älteren seine Beschäftigung vorgeschrieben. Wir hingegen lassen in all diesen Dingen dem Kind ganz *freie Wahl,* denn wir haben erkannt, dass auch in der Wahl der Beschäftigung das Kind von starken inneren Motiven geleitet wird. Das Kind, das seine Beschäftigung alleine wählt, kann damit ein inneres Bedürfnis äußern und befriedigen. Allein das Kind weiß, was seiner Entwicklung Not tut, und eine erzwungene Beschäftigung stört seine Entwicklung und sein Gleichgewicht. Alles, was sich in der von uns für das Kind vorbereiteten Umgebung findet, hat Eigenschaften, die Anreize zu seinem Gebrauch geben und dabei das innere Ziel erkennen lassen. Das Kind beginnt damit zu arbeiten, weil sein Interesse geweckt ist und die Wiederholung der Übung ist eine natürliche Folge.

Die Art der Beschäftigung mit unserem Material ist sehr verschieden von den üblichen Handarbeiten, die man die kleinen Kinder im Allgemeinen ausführen lässt. Bei Plastilin-Arbeiten z.B. wird ein gegebener Gegenstand konstruiert. Ein bestimmtes Ziel ruft die kindliche Aktivität wach; und ist das Ziel erreicht, so ist die Arbeit zu Ende, und die Aktivität muss erlöschen. Ein solches Ziel gibt unser Material nicht. Das Kind arbeitet mit ihm und wiederholt die Übungen oft unzählige Male, und allein die Befriedigung des inneren Bedürfnisses setzt der Tätigkeit ein Ende. Sind die Gegenstände wieder an ihren Platz geräumt, so ist keine äußerlich sichtbare Veränderung vor sich gegangen, sondern die gewohnte Ordnung ist wiederhergestellt. *Die Ordnung dieser Umgebung des Kindes gibt ihm eine Basis zu seinem inneren Aufbau.* Ordnet das Kind die Umgebung, so ist diese nach außen gerichtete Aktivität ein Zeichen für die beginnende innere Ordnung. Die *innere Ordnung* äußert sich in dem Bedürfnis, die äußere Ordnung zu erhalten. Hierzu bedarf es einer Genauigkeit der Bewegungen, welche die ganze Aufmerksamkeit des Kindes beanspruchen. Um diesem Bedürfnis Rechnung zu tragen, müssen *alle Dinge der Umgebung,* nicht nur Tische, Stühle und Haushaltsgeräte, sondern auch die Größenmaße der Räume, der Türen und Fenster *den kindlichen Maßen entsprechen.* Auch ohne unsere nach diesen Gesichtspunkten gestaltete Umgebung kann das Kind sich die Kenntnisse der Welt erwerben; aber die Umgebung hilft dem Kind, zu der tiefen *Konzentration* zu kommen, die für die Entwicklung des Menschen absolut notwendig ist.

Die *innere Konzentration* ist ein Phänomen, das man bei allen unseren Kindern erlebt. Es ist *von größter Wichtigkeit für das innere Wachstum,* und wurde gleichwohl bisher noch niemals als notwendiger Faktor in die Pädagogik einbezogen. Im Gegenteil werden die Kinder in ihrer Konzentration sogar immer und überall gestört. Ein Kind, das konzentriert arbeitet, versinkt gleichsam und entfernt sich von der äußeren Welt. Nichts kann es bei seiner Arbeit stören, und erwacht es aus dieser Konzentration, so geschieht es durch ein inneres Gesetz. Dann scheint das Kind nicht ermüdet, sondern ausgeruht und freudig. Beim *kleinen Kind* zeigt sich die Konzentration immer nur in *Verbindung mit einem äußeren Gegenstand.* Sie kann sich noch nicht von der Umgebung lösen. Dieses grundlegende psychologische Phänomen betrachten wir als einen Stützpunkt, auf dem sich die kindliche Arbeit aufbaut.

Die *Arbeit* ist eine Aktivität, die weder mit der Belehrung noch mit dem Wunsch des Erwachsenen zusammenhängt. Die Arbeit *eint das kindliche Wesen mit der Umgebung.* Aber diese Arbeit zeigt sich nur bei den Kindern, die in einer Umgebung leben, die ihnen *angepasst* ist. Die *erzwungene Arbeit schadet dem Kind,* weil durch sie der erste Arbeitswiderwille entsteht. In den gewöhnlichen Schulen werden die Kinder vom Studieren müde und versuchen daher, möglichst wenig zu arbeiten. Der Lehrer muss mit Belohnungen und Strafen und durch die Regeln einer äußeren Disziplin die Arbeitsleistung aufrechterhalten. Unsere Kinder hingegen arbeiten freiwillig voll Freude und tiefem Interesse. Ihre Arbeit macht sie nicht müde, sondern glücklich. Wir überlassen es der Umgebung, das Kind in seiner Arbeit zu leiten; und alle Dinge, die diese Umgebung ausmachen, haben eine gemeinsame Eigenschaft: die *Fehlerkontrolle.*

Da das Kind nicht nur den Impuls hat zu handeln, sondern auch sich zu vervollkommnen, vertrauen wir ihm, geleitet durch die Fehlerkontrolle seiner Umgebung, die folgerichtige Vervollkommnung seiner Handlungen an. Das Kind wird zum *Entdecker der Welt* und in ihm erwacht der Wunsch, immer tiefer in ihre Geheimnisse einzudringen und sie für sein Leben zu verwerten. Und was ist die Geschichte der Kultur anderes als eine Geschichte der Entdeckungen? Die Güter dieser Kultur dem Kind durch das Wort zu übermitteln, hat keinen Sinn. *Wichtig ist, dass diese Kulturgüter bei ihm eine lebendige Gestalt annehmen.* Es muss alles in eine Beziehung zu dem inneren Bedürfnis des Kindes gebracht werden und zwar so, dass es für den kindlichen Geist erreichbar ist, dass das Kind durch eigene Arbeit eindringen und sich begeistern kann. Das Interesse des Kindes hängt allein von der *Möglichkeit* ab, *eigene Entdeckungen zu machen.* Dafür haben wir dann ein *intellektuelles* Material, das die

Darstellung der abstrakten Geistesarbeit des Menschen ist. Mit ihm kann das Kind gemäß seinem Forschungstrieb arbeiten und in seinem Lerntempo Kenntnisse erwerben. *Mit dem Material geben wir dem Kind die Arbeitsmöglichkeit für seine Intelligenz.* Das Material ist gleichsam nur ein *Anfang;* die manuelle Arbeit mit ihm ordnet die erworbenen Kenntnisse des Kindes, gibt ihm Klarheit und führt zu selbstständiger geistiger Tätigkeit. Das Material ermöglicht dem Kind eine geordnete geistige Entwicklung und schafft geistige Disziplin.

Das *Leben der Kinder in Kinderhaus und Schule* führt das innere Wachstum Schritt für Schritt seiner Bestimmung entgegen. Denken und Handeln müssen zu einer Einheit werden. Die Entfaltung der Persönlichkeit muss in voller Harmonie geschehen. Der Mensch muss sich seinem eigenen Rhythmus gemäß formen und organisieren können. Unser Ziel ist die Gesundheit der Psyche, und mit dieser Gesundheit entstehen in jedem normalen Wesen die sozialen Einstellungen, freiwillige Disziplin, Gehorsam und Willensstärke.

Da das Kind in den meisten Schulen passiv lernt, glaubt man in der körperlichen Bewegung ein Ausruhen von geistiger Tätigkeit schaffen zu müssen, und die körperliche Tätigkeit löst die geistige ab. Warum aber muss die eine Ermüdung von der anderen abgelöst werden? In fast allen Schulen der heutigen Zeit, in der die Kinder beim Unterricht passiv sind, sind Geist und Bewegung getrennt. Diese Trennung führt zur Spaltung der kindlichen Persönlichkeit. Der Sinn, den wir in der Bewegung sehen, ist ein viel tieferer, weil er nicht nur die motorischen Funktionen unseres Körpers betrifft, sondern den ganzen Menschen in all seinen korrespondierenden Ausdrucksmöglichkeiten erfasst.

Zwei Forderungen scheinen uns also für die Erziehung des Kindes von grundlegender Bedeutung zu sein. Die *erste* Forderung betrifft das soziale Leben zwischen Erwachsenem und Kind und verlangt das Schaffen neuartiger Beziehungen zwischen ihnen, das heißt eine *Einstellungsänderung des Erwachsenen dem Kind gegenüber.* Sie ist nicht zu erreichen durch das Studium psychologischer oder pädagogischer Wissenschaften, sondern allein durch innere Einkehr. Die Lösung der Frage besteht nicht nur darin, die dem kindlichen Leben für seine Entwicklung notwendige Umgebung zu schaffen, sondern es tritt die *zweite* sittliche Forderung an uns heran, nämlich zu erkennen, dass es die *schöpferische Mission des Kindes* ist, eine *sittliche Persönlichkeit* zu bilden. Diese Mission muss geachtet und unterstützt werden. Wir wissen, dass dem Menschen *Neigungen* angeboren sind, die sittlich minderwertig erscheinen. In der Tiefe jeder menschlichen Seele spielt sich ein Drama ab zwischen »dem Willen zum Guten und der Neigung zum Bösen«. Wird das Kind in seiner Entwicklung durch das Unverständnis des Erwachsenen gehemmt und gestört, so werden die Energien im Innern des Kindes, die göttliche Mittel für die Bildung des Menschen sein sollten, zu Waffen der Verteidigung gegen den Erwachsenen und führen zur Zerrissenheit der werdenden Persönlichkeit, zum Kampf statt zur Liebe. Alle, die um die Erbsünde im Menschen wissen, sollten alles tun, um durch Liebe und Achtung den Willen des Kindes zum Guten zu stärken, statt die Neigung zum Bösen durch erzieherische Maßnahmen und ihre Folgen zu unterstützen.

Der *Glaube an das Kind und seine schöpferische Mission* und die Erkenntnis der Fehler, die diesbezüglich vom Erwachsenen bisher gemacht worden sind, können der Entwicklung der Persönlichkeit des Kindes zur sittlichen Vervollkommnung dienen, und nicht spezielle psychologische

Wissenschaften oder Programme mit pädagogischen Zielen ohne Rücksicht auf die Wege dorthin.

Wird aber die Entwicklung nicht einmal, sondern dauernd gestört, wie es das Schicksal fast jeden Kindes ist, so muss eine *innere Verwirrung* entstehen, die durch die Kampfstellung gegen den Erwachsenen und damit gegen die Unterstützung der »Neigung zum Bösen« viele zerstörende Folgen hat. Diese Kinder können nicht gehorchen, denn *Gehorsam* bedeutet Zustimmung, bedeutet die Möglichkeit, dem Willen eines anderen folgen zu können. Ist aber die innere werdende Persönlichkeit zerrissen, so entsteht eine Störung, sichtbar in der Disziplin der äußeren Handlungen.

Vor allem in der *Bewegung* des Kindes sind *Symptome* erkennbar: Hände, die nicht arbeiten, aber auch nicht ruhig sein können; hastige Bewegungen, die alle Dinge der Umgebung gefährden; Zerstreutheit, Schüchternheit, Unaufmerksamkeit und vieles andere. Unendlich viele Merkmale dieser Entwicklungsstörungen sind uns bekannt; und es würde hier zu weit führen, sie alle aufzuzählen und ihre Ursachen zu besprechen. Nur das eine muss man ausdrücklich hervorheben, *dass all diese Symptome meist als normal und oft sogar als besonders gute Eigenschaften des Kindes angesehen werden.* Wie stolz sind Eltern und Erzieher auf ein Kind, das eine besonders starke Einbildungskraft besitzt. Sie sehen nicht, dass dies ein Symptom einer ungeordneten Intelligenz ist, die sucht und nicht findet, die die Verbindung mit der Wirklichkeit verloren hat, die in den leeren Raum fantasiert, aber nicht aufbaut. Ein solches Kind lebt in den Bildern seiner Vorstellungskraft, und der Erwachsene denkt, dass eine große schöpferische Kraft in ihm ruht. Und doch geht die Kraft dieses Kindes Wege, die nicht zum schöpferischen Aufbau des Menschen, sondern zu verwirrender, innerer Undiszipliniertheit und Spaltung führen. Erst in späteren Jahren merkt man, dass von der so genannten schöpferischen Kraft dieser Kinder wenig übrigbleibt und dass sie nicht halten, was man von ihnen erwartete.

Die Bewegungen solcher Kinder sind fast immer mehr als lebhaft, ungeordnet und ohne Ziel. Sie sind nicht fähig, konzentriert und aufmerksam zu sein. Sie sind uninteressiert für alles, was gelehrt wird. Die Erzieher, die diese Kinder als normal ansehen, unterstützen die Einbildungskraft und glauben Gutes zu entwickeln und fördern doch nur die Spaltung. Die ungeordneten Bewegungen stören den Erwachsenen, und er versucht, sie zu unterdrücken, und verbietet sie dem Kind. Doch das Kind kann nicht gehorchen, weil es verbildet ist. Der Erwachsene denkt nicht daran, einem ungeordneten Organismus, der seine normalen Funktionen verloren hat, zu helfen, indem er ihm den Weg zur Ordnung zeigt, sondern er versucht nur, die ihm unliebsamen Symptome zu unterdrücken.

Ein anderer Typus von Kindern sind die *Abhängigen, Gelangweilten, Unselbstständigen.* Sie wollen die ständige Anwesenheit und Hilfe des Erwachsenen. Sie haben Angst, allein zu sein. Ihre Bewegungen sind passiv, und sie scheinen in allem hilfsbedürftig und gelten als besonders zärtliche, anlehnungsbedürftige Wesen. Sie haben keine motorische Kraft, und ihre Intelligenz verfällt der Faulheit. Ihr Wollen und ihr Handeln werden allein vom Erwachsenen bestimmt.

Viele dieser Kinder *lügen.* Die Lebhaften, Fantasiereichen tun dies aus dem Bedürfnis heraus, fantastische Dinge zu erzählen, die Stillen und Schüchternen hingegen aus dem Bedürfnis, einer Entscheidung auszuweichen, aus Mangel an Mut. Alle Versuche, diese Fehler einzeln zu verbessern, scheitern, da sie einer aus dem Gleichgewicht gebrachten Persönlichkeit entspringen.

Wie oft sind die Wünsche dieser lebhaften, fantasiereichen Kinder unerfüllbar, denn sie selbst kennen ja keine Grenzen, weil sie keine eigenen Erfahrungen in der Wirklichkeit machen konnten. Sie wollen nur, und da sie ihre Wünsche nicht selbst befriedigen können, fordern sie dies vom Erwachsenen, oft indem sie Druck ausüben. Auf jede Weise stellen sie ihn auf die Probe, und schließlich macht der Erwachsene Konzessionen, weil seine Widerstandskraft erlahmt. Er sagt dann: »Ich habe mein Kind verwöhnt.« Dies ist der einzige Fehler, den der Erwachsene jemals zugibt!

Gegen diese Fehler des Kindes stehen die Eltern und die Lehrer gemeinsam im Kampf. Sie wollen sie verbessern und verbieten und tadeln. Es ist aber genauso, als ob man einem Fieberkranken verbieten wollte, Fieber zu haben. *So wird die ganze Erziehungskunst zu einem fortdauernden Korrigieren.* Denn die Erwachsenen sind davon überzeugt, dass diese Eigenschaften normale kindliche Eigenschaften seien, und dass es ihre Pflicht sei, sie zu moralisieren. Gelingt ihnen die Korrektur nicht, so wird mit großer Strenge eingeschritten, und durch einen *Autoritätszwang von außen* werden diese Fehler des Kindes gewaltsam unterdrückt. Und man sieht nicht, dass man dem Kind immer mehr die Möglichkeit nimmt, sich innerlich zu formen. Es ist, als ob der blinde Fleck im Auge des Erwachsenen die Kindheit des Menschen deckte.[3]

Wenn wir in unserer Erziehung die *Freiheit* für das Kind fordern, so werden wir meistens nicht verstanden, weil die Menschen nur die missratenen Kinder kennen und die *Bedeutung der Freiheit missverstehen*. Man glaubt, wir verlangen, das Kind in allem gewähren zu lassen, in seinen Launen, seiner Zerstörungswut und seiner Apathie. Man fragt uns oft: Wie heilen Sie Launen, Lügen und Schüchternheit? Was tun Sie, wenn Kinder nicht essen mögen und nicht gehorchen? Ja, was tun wir dagegen? Es handelt sich hierbei um *Fehler*, die selbst von vielen Psychologen als normale Eigenschaften des Kindes angesehen werden, die für uns aber *Symptome psychischer Erkrankung* sind, hervorgerufen durch das Fehlen jeglichen Verständnisses vonseiten des Erwachsenen. Eine symptomatische Behandlung kann man nicht mehr geben, wenn diese Abweichungen schon zu weit fortgeschritten sind. Man kann auch nicht die Launen oder die Lügen oder die Schüchternheit getrennt voneinander behandeln. *Man muss die Behandlung an der Wurzel des Übels beginnen.* Man muss das Kind in Lebensbedingungen bringen, die ihm ermöglichen, seine Persönlichkeit wieder zur normalen Gesundheit zurückzuführen. Zuerst müssen wir gleichsam Ärzte sein, die den Patienten ganz behutsam behandeln, und erst wenn das Kind geheilt ist, können wir wieder Erzieher sein. *Wir müssen dem Kind die Reorganisation seiner Persönlichkeit ermöglichen.* Seine inneren Energien, die durch die äußeren Dinge zerstreut sind, müssen wieder gesammelt werden und der inneren aufbauenden Arbeit dienen.

Was tun wir als erstes, um den Kindern zu dieser Rekonstruktion ihrer selbst zu verhelfen? Wir bereiten eine *Umgebung* vor, *die reich an interessanten Aktivitätsmomenten* ist. Wir eröffnen Arbeitswege zu Dingen, von denen man bis jetzt annahm, sie seien für dieses Alter zu schwierig. Das Kind allein könnte sich eine solche Umgebung nicht schaffen. Aber der Erwachsene kann es tun, und das ist die einzige tatsächliche Hilfe, die er dem Kind geben kann.

Das *Kinderhaus* ist die ruhige und gesunde

Umgebung, in der sich die latenten Energien des Kindes entfalten können. Die Umgebung wird dort von der Lehrerin mit Sorgfalt und Geduld und voller Erwartungen vorbereitet.

> Ihre Haltung ist wie die der klugen Jungfrauen, die in Erwartung des Herrn die Flamme ihrer Lampen brennen ließen. Auch die Lehrerin weiß nicht, wann das Kind sich äußern wird, aber sie ist immer bereit. Sonst ginge es ihr wie den törichten Jungfrauen, die ihre Lampen ausgehen ließen und die Ankunft des Herrn nicht sahen. Er ging vorüber und blieb nicht bei ihnen stehen.[4]

Es gibt dort wirklich ein natürliches Leben, das Leben vieler Kinder, bei denen ein soziales Gefühl für ihre Mitmenschen entsteht und sich eine *organische Gemeinschaft* entwickelt. Wie oft erleben wir, dass Lehrerinnen und Lehrer aus anderen Kindergärten und Schulen beim Besuch unserer Kinderhäuser und Schulen ungläubig und überrascht diese natürliche und disziplinierte Organisation der arbeitenden Kindergemeinschaft betrachten. Unsere Lehrer können die Klasse verlassen, und es wird keine Veränderung geben. Denn diese Ordnung und diese Organisation hat nicht der Lehrer geschaffen, sondern es ist ein *Werk der Kinder.* Und was unseren Kindern als etwas Selbstverständliches gelingt, haben diese Lehrer als erwachsene Menschen trotz all ihrer Anstrengungen niemals erreichen können. Diese Lehrer, welche die Kinder strafen und zur Arbeit zwingen müssen, werden immer in einem entsetzlichen Zwiespalt leben. Sie wollen gut zu den Kindern sein und finden nicht den Weg dazu; und allmählich verlieren sie das Gefühl für das, was sie anfangs wollten, und kommen immer mehr zu der Überzeugung, dass es zur Lehrerwürde gehöre, zu strafen und zu zwingen. Das ist das *Schicksal aller Lehrer der alten Schule.*

Die *Begeisterung für die Arbeit* ist für die gesunde Entwicklung des Kindes von größter Bedeutung. Aber sie kann nur in einer Umgebung entstehen, die den Bedürfnissen des Kindes entspricht, und nur bei einer Haltung des Lehrers, die anleitend und helfend und nicht belehrend ist und die nur nach einem langen Studium erworben werden kann. Die *Vorbereitung der Umgebung* und die *Vorbereitung des Lehrers* sind *das praktische Fundament unserer Erziehung.* Immer muss die *Haltung des Lehrers die der Liebe* sein. Dem Kind gehört der erste Platz, und der Lehrer folgt ihm und unterstützt es. Er muss auf seine eigene Aktivität zugunsten des Kindes verzichten. *Er muss passiv werden, damit das Kind aktiv werden kann.* Er muss dem Kind die Freiheit geben, sich äußern zu können. Denn es gibt kein größeres Hindernis für die Entfaltung der kindlichen Persönlichkeit als einen Erwachsenen, der sich mit seiner ganzen überlegenen Kraft gegen das Kind stellt.

Es handelt sich bei der Haltung des Erwachsenen dem Kind gegenüber um eine *Begrenzung seines Einschreitens.* Dem Kind muss geholfen werden, wo das Bedürfnis für Hilfe da ist, aber keinen Schritt darüber hinaus. Denn schon das geringste Übermaß kann dem Kind schaden.

Unsere Eltern und Lehrer suchen nicht die Fehler des Kindes, um sie zu korrigieren, sondern es ist seine tiefe und im Werden begriffene Natur, die sie interessiert, und die Frage, welche besseren Mittel ihr zur gesunden Entwicklung verhelfen. Wir sind oft *Optimisten* genannt worden, und man hat uns vorgeworfen, wir hätten eine falsche Meinung über das Kind und seine Wesensart. Doch was wir entdeckt haben, ist so einfach und klar! Jahrzehnte hindurch haben uns *alle Kinder der Welt* diese Seite ihres Wesens offenbart. Wir haben auch die Fehler der Kinder analysiert und sind dabei zu dem Schluss gelangt, dass die wahre Natur des Kindes bis jetzt noch nicht sichtbar geworden ist. *Wir sind keine Optimisten, sondern wir sind Goldsucher.* Wir kennen die Felsen, wo Gold verborgen ist, und wir haben von den Kindern gelernt, wie man das kostbare Metall herausholt. Die Haltung unserer Erzieher ist nicht die fantastischer Optimisten, sondern es ist *eine Haltung der Liebe.* Ein Mensch, der seine Mitmenschen nicht liebt, sieht nur die Fehler bei den anderen. Wer hingegen liebt, sieht sie nicht. Darum sagt man, die Liebe mache blind. *Doch nur wer liebt, ist ein wirklich Sehender,* und nur er kann die zarten Offenbarungen der Kinder entdecken und verstehen, und nur vor ihm werden die Kinder ihre wahre Natur zeigen.

Bei allen *modernen Pädagogen* sehen wir die Absicht, aus dem Kind etwas hervorzuholen. Man will kindliche Eigenschaften wecken durch eine besondere Art Freiheit oder durch Anregung zu spontanen Äußerungen. Glaubt man wirklich, dass ein Erwachsener irgendwelche kindlichen Eigenschaften zutage fördern kann? Mit allen Mitteln, die man heute anwendet, stellt man dem Kind nur in anderer Weise Hindernisse entgegen und überwältigt es. Kein Einwirken des Erwachsenen kann ein Kind zu den Äußerungen seines tiefsten Wesens bringen. Denn das Kind kann sich nur äußern, wenn in seiner Umgebung eine Atmosphäre der Ruhe, der Ungestörtheit und der Freiheit für sein eigenes Tun geschaffen ist, die nicht durch den Erwachsenen beeinträchtigt wird.[5]

Wir *unterbrechen daher die Beschäftigung der Kinder nicht* und verlangen nicht, dass sie plötzlich mit dem Lesen aufhören und mit dem Rechnen beginnen oder irgendetwas anderes tun. Mit einer solchen Handlung glaubt man den Bildungsgang des Kindes zu leiten, aber in Wirklichkeit führt man das Kind in Verwirrung und stört seine gesunde Entwicklung. *Wir haben weder im Kinderhaus noch in der Schule ein festes Programm. Wir bauen nicht auf dem Kollektivunterricht auf.* Stattdessen bemühen wir uns, die *sensitiven Perioden* der Kinder zu erkennen, diese Intervalle ihrer inneren Entwicklung, die uns den Schlüssel bieten, ihnen die erforderliche Hilfe zu geben.

Wir verlangen nicht, dass ein Kind dauernd aufnahmebereit sei, und legen eine vorübergehende Unaufmerksamkeit nicht als Zeichen von Faulheit oder Mangel an gutem Willen aus. Wir wissen, mit welcher bewundernswerten Energie das Kind in der Lage ist, Neues zu lernen, und *dass es zu genauem Beobachten fähig ist.*[6] Diese Fähigkeit verdient unsere ganz besondere Beachtung, weil wir aus Erfahrung wissen, dass vor allem beim kleinen Kind das *Wort des Erwachsenen* oft das größte *Hindernis für das Verständnis* ist. Daher unterrichtet der Lehrer bei uns nicht mit vielen Worten. Doch das ist auch nicht nötig. *Denn bei unserer Arbeit ist der Lehrer nicht der Belehrende und der Former der kindlichen Seele, sondern ihr Helfer.* Er zeigt dem Kind jede Übung mit Freundlichkeit, mit langsamen, klaren und genauen Bewegungen. So kann das Kind nach eigenem Antrieb handeln und alle seine Handlungen werden Ausdruck seines Willens. Ein vom Willen bestimmtes Leben ist voller Handlungen. *Unsere Kinder leben und handeln frei und selbstständig in der Gemeinschaft anderer Kinder und werden so zu willensstarken sozialen Wesen,* welche die Anforderungen an ihr eigenes Tun immer höher schrauben.

Wir geben dem Kind das *Kulturgut seiner Rasse,* das ihm Grundlage zum Aufbau seiner eigenen Kultur wird. Wir geben ihm die Möglichkeit zu entsprechender Arbeit nach seinen spezifischen Fähigkeiten. Die Arbeit ist für uns der Grundstein für die Freiheit. Die *Freiheit* unserer Kinder *hat als Grenze die Gemeinschaft,* denn *Freiheit bedeutet* nicht, dass man tut, was man will, sondern *Meister seiner selbst zu sein.* Was ist demnach die Freiheit des Kindes? Die Freiheit ist dann erlangt, wenn das Kind sich seinen Bedürfnissen entsprechend entwickeln kann.

Das Kind ist frei, wenn es von der erdrückenden Energie des Erwachsenen unabhängig geworden ist. Diese Befreiung ist weder eine bloße Idee noch eine Utopie, sondern eine oft erfahrene Tatsache. Es ist eine Wirklichkeit, die wir dauernd erleben. Wir schließen damit weder die Notwendigkeit der Kulturübermittlung noch die notwendige Disziplin und auch nicht die Notwendigkeit des Erziehers aus. Aber wir behaupten, dass in dieser Freiheit die Kinder voll Freude arbeiten und sich die Kultur durch eigene Aktivität erwerben und dass die Disziplin eine Konsequenz, ein Ergebnis dieses Umgangs mit dem Kind ist.

Kinder, die mit den oben erwähnten Fehlern beladen in unsere Kinderhäuser und Schulen kommen, sind anfangs undiszipliniert. Sie stören fortwährend sich und ihre Kameraden. Doch eines Tages weckt die eine oder andere Übung ihr Interesse; und wenn sie dann anfangen, eine der Übungen zu wiederholen, wenn sie aufmerksam und voll konzentriert bei einer Übung bleiben, dann wissen wir, dass auch der Anfang der Rekonstruktion bei ihnen gemacht ist.

> Die Unruhe der Kinder und die ungeordneten Bewegungen hören allmählich auf, und oft ist es so, dass alle Fehler gleichzeitig verschwinden, und zwar nicht nur während der Zeit im Kinderhaus, sondern auch in der Gesamtheit des kindlichen Lebens.[7] Faulheit, Schüchternheit und Ängstlichkeit der Kinder verschwinden. Die Kinder werden sicher und frei in ihrem Verhalten und zeigen eine natürliche Bescheidenheit. Bald verschwinden auch die fantastischen Vorstellungen, und der Geist, dem die Möglichkeit zur Konzentration fehlte, ordnet sich und beginnt eine wunderbare Entwicklung.[8]

Mit all den genannten Fehlern schwindet auch *die zu starke Gebundenheit an Erwachsene*, die immer eine zu große Belastung für das Kind bedeutet. Es ist, als ob mit der zunehmenden *Selbstständigkeit* auch die natürliche *Würde des Kindes* wüchse. Die Kinder werden unabhängig und frei und kommen zu einer Beherrschung ihrer Persönlichkeit und gegebener Situationen, die man bis dahin einem Kind niemals zugetraut hat. Erwachsene, die diese

Verwandlung in unseren Kinderhäusern und Schulen beobachtet haben, sprechen hier von *Montessori-Wundern*. Interessant ist die Feststellung, wie weit der *Einfluss unserer Kinder auf ihre Eltern* geht. Wir erleben immer wieder, wie Eltern von den Kindern lernen können.

Wir haben bei diesen Betrachtungen *zwei verschiedene Naturen des Kindes* erkannt. Die bekannte, die von den Psychologen studiert worden ist und die sie als die normale ansehen, während es sich für uns um einen pathologischen Zustand handelt, und die noch unbekannte und verborgene, die für uns die wahre Natur des Kindes darstellt.

Wir sind bei unserer Arbeit nicht von psychologischen Studien ausgegangen, aber unsere Arbeit hat uns zu einer großen Entdeckung geführt. *Wir haben das normale Kind gefunden*. Das Kind, das wir normal nennen, ist organisch verknüpft mit den Uranfängen seines eigenen Lebens, und sein ganzes Wesen, das sich im Stadium der Entwicklung befindet, ist durch *ein inneres Gleichgewicht* in Harmonie gebracht. Dieses andere Kind ist das, das vom Erwachsenen nicht verstanden wurde und dessen inneres Wachstum erstickt worden ist und in Spaltungen sich kümmerliche Wege suchen musste.

Wie oft hört man den Ausspruch, dass ein Erwachsener nicht das geworden ist, was er als Kind versprach. Er hat sich in seiner Kindheit nicht in Gesundheit entwickeln können, und seine Persönlichkeit ist zerrissen.[9]

Die *Eigenschaften, die ich normal nenne,* werden von den Kindern auf eine so einfache, so zarte, ja man kann fast sagen, beinahe unsichtbare Weise geäußert, dass sie bisher niemals beachtet worden sind. Das Kind hat uns gezeigt, dass in der Seele eines jeden dieser kleinen Menschen *die persönliche Würde* ruht und dass ein Kind mehr fühlt und versteht, als der Erwachsene ahnt. Nur seine Ausdrucksmöglichkeiten sind geringer.

Durch die neue Einstellung des Erwachsenen zum Kind in Familie, Kinderhaus und Schule, durch die Achtung vor seiner schöpferischen Aufgabe, durch das Vorbereiten einer offenbarenden Umwelt für das Kind werden seine Kräfte gesammelt und nicht zersplittert. Infolgedessen kann es sich als eine *eigenständige Individualität* entwickeln, die in Harmonie von Denken und Bewegung, von freiem Wollen und bewusstem Handeln die *sittliche Persönlichkeit* formt.[10] Das Geheimnis des Kindes wird die Freiheit des erwachsenen Menschen sein.

Wir verlangen von jedem Erwachsenen *Demut* und *innere Sammlung*. Wir fordern *Achtung vor dem Kind* vom ersten Tag seines Lebens an, damit nicht deformierte Kinder zu deformierten Erwachsenen heranwachsen, sondern damit das von uns erkannte *normale Kind* wachsen und der Menschheit seinen Segen bringen kann. Die *Erziehung* muss dem Kind nicht nur helfen bei der Erfüllung der großen Aufgabe, Mensch zu werden, sondern sie hat *die physische und psychische Gesundheit der werdenden Menschheit* in der Hand.

Die Fehler des kindlichen Wachstums und ihre traurigen Folgen sind so allbekannt und so allgemein, dass man fast sagen könnte, auf der Welt ist die Ordnung des sich entwickelnden Menschen noch nicht gesehen worden. Der Mensch leistet viele große Dinge, aber eines wird nur selten von ihm erreicht: *die innere Disziplin einer Persönlichkeit*. Wir haben erfahren, dass *dieses Geheimnis von einem Kind viel leichter gelöst werden kann*, und so kann uns das gesunde Kind das herrliche Bild eines Menschen mit innerer Ordnung schenken.

Die Gesundheit oder Krankheit der Seele, die Stärke oder die Schwäche des Charakters, die Klarheit oder die Unklarheit des Geistes – all dies hängt allein ab von *der harmonischen und friedlichen Entwicklung der kindlichen Psyche.* Aus einem Kinde, das seine Entwicklung in der Form des Sklaventums durchgemacht hat, wird kein Erwachsener werden, der fähig ist, große Werke zu vollbringen.

Anmerkungen

[1] Hervorhebungen im Text durch *Kursivschrift* fehlen im italienischen Typoskript. Sie erfolgen im Anschluss an 1934 (dt) oder zusätzlich durch den Herausgeber.

[2] In 1934 (dt) folgt hier noch: »Alle Dinge der Umgebung, die wir dem Kind bereiten, sind so angeordnet, dass sie dem Kind das äußere Ziel anregend darbieten. Das Kind wird dazu aufgefordert, die Handlung aus Interesse zu beginnen, und der Anfangshandlung folgt dann die Wiederholung.« In 1934 (it) fehlt diese Passage.

[3] Der letzte Satz findet sich nicht in 1934 (it).

[4] Zum Gleichnis von den klugen und den törichten Jungfrauen vgl. Lukasevangelium 25,1–13.

[5] In 1934 (dt) folgt hier noch die folgende (wiederholende) Passage, die in 1934 (it) fehlt: »Die Möglichkeit, den Geist des Kindes und seine vollkommensten Eigenschaften zu heben, ist nur dann gegeben, wenn die äußeren Bedingungen die kindliche Arbeit zulassen und wenn man die Mittel zur Übung gibt. Dann muss der Erwachsene auf Äußerungen warten und darf sie nicht durch direkte Handlungen hervorholen wollen. Erst wenn das Kind etwas in sich entwickelt hat, kann es sich ausdrücken.«

[6] In 1934 (dt) wird hier noch hinzugefügt: … »eine Fähigkeit, die im frühen Kindesalter viel stärker entwickelt ist als

jemals bei dem Erwachsenen und die während der ganzen Sprachentwicklung andauert.«

[7] In 1934 (dt) folgt hier noch: »Durch die Atmosphäre der Ruhe und durch das Gefühl, dass kein anderer Wille es führen und unterdrücken will, durch die Freiheit, die man ihm lässt, erwacht im Kind wieder eine spontane Aktivität, und es fängt an, freudig und konzentriert zu arbeiten.«

[8] In 1934 (dt) wird noch hinzugefügt: »Nicht durch ein gewaltsames Loslösen von der alten Welt des Kindes wird eine solche Veränderung erreicht, sondern nur dadurch, dass man eine andere Stellungnahme des Kindes zur Umwelt ermöglicht. Man muss dem gesamten inneren Wachstum neue Wege eröffnen, auf denen sich die tiefe Natur des Kindes entfalten kann.«

[9] Dieser Absatz findet sich nur in 1934 (dt).

[10] In 1934 (dt) findet sich ein vom Wortlaut in 1934 (it) abweichender Text: »… werden die Kräfte im Kind gesammelt und nicht zersplittert, wird einer Persönlichkeit zur Entwicklung verholfen, deren innere Freiheit zur freien sittlichen Tat führt. Aus einem Naturgeschöpf wird ein Vernunftgeschöpf, das durch Sammlung und Stille zum sozialen Menschen heranwächst, das in der Harmonie des Gedankens und der Bewegung, des freien Willens und der Tat seine sittliche Persönlichkeit bildet« (S. 284).

Aufbauarbeit in der Erziehung

Es ist für mich immer sehr schwierig, meine Thematik zu behandeln. Denn sie stellt kein einfaches Konzept dar wie eine gerade Linie, sondern ist unermesslich. Wenn Sie so wollen, kommt sie einer Wüste oder einem Ozean gleich. Es ist folglich nicht leicht für mich, einzuschätzen, was ich genau tun kann, um Ihnen zu vermitteln, was ich möchte, da mir selbst das Ausmaß dieser Größe nicht bekannt ist.

Diese Wüste oder dieser Ozean ist nicht die Schöpfung meines Geistes, meiner Seele, meines Wissens, meiner Entwicklung, sondern es handelt sich um Erziehung – nicht um die Erziehung, die Ihnen bekannt ist, sondern um *eine unbekannte Erziehung, die neu und wirkungsvoll ist,* die der Welt Hilfe und neue Orientierung bietet, neues Wissen, ja erlauben Sie mir den Ausdruck, eine neue Weisheit.

Diese Erziehung wird uns gegeben, wir können sie nicht selbst konstruieren. Sie werden also verstehen, dass ich, wenn ich von etwas spreche, das so weit von mir entfernt ist, keine bescheidenen Worte wählen kann; aber was ich zu sagen habe, ist auch nicht übertrieben. Es tut mir leid, dass ich Ihnen nicht den richtigen Wert dieses Wandels, der sich vollzogen hat, dieses neuen und sehr realen Funkens zu vermitteln vermag. Nicht alle von uns kennen diesen neuen Lehrer, der eine neue Welt besitzt und der uns neue Hoffnung geben und einen neuen Weg eröffnen kann.

Wenn Sie mich gut genug kennen, werden Sie nach dieser kurzen Einleitung wissen, dass ich zu Ihnen über *das Kind* sprechen werde. Sie werden verstehen, dass die Menschheit nicht nur von einer Hälfte des menschlichen Lebens aufgebaut werden kann. Die gesamte Welt von heute beruht auf dem Erwachsenen, und wir leben in einer schrecklichen, harten Welt, welche die Menschen als unveränderbar bezeichnen. Aber ich frage Sie: *Ist irgendetwas unveränderbar?*

Dieser zweite Teil der Menschheit kann dem ersten helfen, insbesondere wenn das Leben voller Anziehungskraft ist. Es ist wahr, dass keiner von uns schon immer ein erwachsener Mensch war. Jeder von uns war einmal ein Kind. Aus dem Kind ist unsere Persönlichkeit erwachsen, unser Menschentum. In der langen Zeit von der Geburt bis zum Erwachsenenalter hat das Kind eine Arbeit vollbringen müssen. *Das Kind war der Baumeister eines jeden von uns.* Bevor wir ein beachtenswerter Erwachsener wurden, eine respektierte Person, eine Person, die ihren Platz in der Gesellschaft einnimmt, waren wir eine andere Persönlichkeit, eine sehr geheimnisvolle Persönlichkeit, die in dieser Welt nicht beachtet, nicht respektiert war, eine Person ohne Bedeutung und ohne eigene Wahlmöglichkeit. Gleichwohl kann das Kind etwas, das wir nicht können. Es ist fähig, in einer für uns unvorstellbaren Weise eine gewaltige Welt aufzubauen.

Wir denken vom Kind, es sei nichts; es sei etwas Kleines, etwas Leeres, etwas ohne Bedeutung. Aber ein leeres Ding ohne Bedeutung kann nicht der Baumeister des Menschen sein. Derjenige, der das kann, ist selbst großartig. Stellen Sie sich die Entstehung dieser Pflanze hier vor. Sie wurde aus einem *Samen* gezüchtet. Ein Samen erscheint uns nicht unwichtig. Denn wir wissen, dass der Samen die Pflanze in sich trägt und dass aus ihm, wenn er gesät wird, eine neue Pflanze entsteht. Bisher wurde aber noch nicht bewusst, dass sich in jedem Kind der Samen befindet, der zu einem Erwachsenen heranreifen wird.

Wir sind der Meinung, dass Erziehung der Entwicklung des Kindes helfen kann und dass wir Erwachsene diese Hilfe geben. Das ist die übliche Auffassung von Erziehung. Diese Vorstellung ist aber nicht richtig. Denn sie beinhaltet, dass der Erwachsene mit seiner eigenen Weisheit und Sorge diesem kleinen Kind viel helfen könne. *Unsere Vorstellung von Erziehung ist, dass wir dem Kind, dem jungen Menschen das Beste zu geben haben, was wir besitzen.*

Das stimmt. Aber wir können durch unsere Anstrengungen keinen Menschen erschaffen. Dies ist die Aufgabe des Kindes selbst, und der wichtigste Aspekt der gesamten Erziehungsfrage bezieht sich darauf, was das Kind aus eigener Kraft heraus leistet, und nicht darauf, was der erwachsene Mensch für es tun kann.

Was meint man mit dem Begriff der Inkarnation? Meint man eine Seele, die in ein neues Leben getreten ist? Wenn ja, wie gelangt sie in ein neues Leben? Das geistige Wesen wird sinnlich wahrnehmbar zu einem körperlichen Wesen mit einer ihm innewohnenden Kraft, sich selbst nach einem besonderen Plan der Natur in einer bestimmten Zeit aufzubauen; und es baut jeden einzelnen Teil seines Körpers auf. Wir Erwachsenen können nichts dafür tun. Bevor der Mensch geboren wird, wächst der *Embryo*, und er wächst alleine und fängt an, sehr viele charakteristische menschliche Eigenschaften aufzuweisen. Wir können ihm diese nicht geben. Später ist es genauso.

Dies ist ein außerordentlich wichtiger Punkt, der in der Erziehung betont werden muss. Es ist sonst unmöglich, zu begreifen, wie in einem kleinen Körper die Möglichkeit enthalten sein kann, ein intelligenter Mensch zu werden, der eine Sprache zu sprechen vermag, der über Bewegungskraft verfügt, der einen Willen hat. *Die Natur hat diesem neuen Menschen seine Gesetze gegeben und alles, was in ihm abläuft, liegt nicht in unseren Händen.* Nicht, dass wir nicht helfen können, wir können es und tun es. Aber wir dachten, dass wir Erwachsene das Kind aufbauen, dass wir alles für dieses kleine Kind tun müssen, anstatt zu sehen, wie viel es *uns* geben kann.

Wenn ich diese Gesetze erwähnt habe, die das Kind in seiner Entwicklung leiten, wenn ich etwas über die Kraft gesagt habe, die im Kind vorhanden ist, um den Menschen aufzubauen, und wenn ich die Behauptung aufstelle, dass dies üblicherweise nicht verstanden oder anerkannt wird, so geschieht dies nicht deshalb, weil ich eine besondere geistige Gabe habe, diese Dinge zu sehen. Vielmehr hatte ich in meinem Leben die wunderbare Gelegenheit, einige Kinder kennenzulernen, die sich mir offenbarten. Dann habe ich entdeckt, dass diese Offenbarungen nicht allein für diese Kinder galten, sondern *allen Kindern gemeinsam* waren. Das habe ich seit vierzig Jahren immer öfter beobachtet, und ich bin in meiner Leidenschaft, diese Erkenntnisse über das Kind aufzuzeigen, den Kindern gefolgt, und sie haben mir sehr viele Antworten auf meine Fragen gegeben. Ich habe gesehen, dass Kinder viel für die Gemeinschaft tun können. Das Kind verfügt über viel Wissen, viel Weisheit. Wenn wir uns das nicht zu Nutze machen, liegt das nur an unserem Versäumnis, bescheiden zu werden, das Wunder dieser Seele zu betrachten und so zu lernen, was das Kind lehren kann.

Wenn das Kind uns etwas lehren kann, so ist es aber – wie Sie wissen – in Wirklichkeit nicht nur das Kind, sondern es ist *die Kraft der Liebe,* die den Menschen aufbaut, und diese Liebe wird *von Gott gegeben.* Das Kind erhält diese Kraft direkt von Gott, und immer und immer wieder habe ich den Beweis dafür gesehen, dass es nicht nur eine körperliche, sondern auch eine geistige Kraft ist. *So können wir auch auf geistigem Gebiet vom Kind etwas über die uns leitenden Gesetze lernen.* Es ist sehr wichtig, diese zu kennen, da uns so offenbart wird, wie Gott jede Persönlichkeit erschaffen hat, wie die Inkarnation einer Seele stattfindet. Wir beobachten das Entstehen der Persönlichkeit. Denn aus dem Kind entsteht ein Mensch, der eine bestimmte Sprache spricht, einer bestimmten Rasse angehört, bestimmte Gefühle hat, usw. Aus ihm entsteht die menschliche Persönlichkeit.

Wir sehen im Kind auch *eine universelle Persönlichkeit*. Sie ist universell, weil sie die Grundlage jedes Menschen ist, weil sie *jedem Menschen gemeinsam* ist. Es ist wunderbar zu wissen, wie das Kind den Menschen aufbaut. Denn wenn wir dieses Geheimnis verstehen, können wir dem Menschen helfen. Wir können etwas wissen, was von großem Nutzen ist, wir aber jetzt noch nicht erfassen, weil unser Geist verwirrt ist.

Wir müssen mehr über *das Gesetz* wissen, das hinter der ganzen Menschheit steckt, die *Quelle,* der die gesamte Menschheit entsprang, jede Persönlichkeit, jede Rasse, jede Religion. Diese großartige Quelle hat einen *Plan,* der nicht nur durch den Einfluss des erwachsenen Menschen auf das Kind erfüllt wird, sondern auch durch den Einfluss des Kindes auf den erwachsenen Menschen. Und dieser Einfluss ist nicht nur ein Gefühl der Liebe, obwohl dieses sehr einflussreich ist, sondern der wirkliche Einfluss von Wissen und Weisheit. Wenn wir uns nämlich mit dem *Problem* beschäftigen, *die gesamte Menschheit zu vereinen,* indem wir das Kind in Betracht ziehen, berühren wir etwas, das der ganzen Menschheit gemeinsam ist. Sicherlich können wir die Menschheit nicht zusammenbringen, wenn wir versuchen, alle so unterschiedlichen Menschen zu vereinen, aber *wir können das erreichen, wenn wir mit dem Kind anfangen.*

Wenn das Kind geboren wird, spricht es keine bestimmte Sprache, es hat keine bestimmte Religion, es hat keinerlei Vorurteile gegenüber anderen Nationen oder Rassen. Die erwachsenen Menschen haben all dies erworben. Was für eine Möglichkeit wird der Menschheit durch dieses kleine Kind geboten! *Das kleine Kind wird ein Kind einer bestimmten Rasse, Nation, Sprache, Religion.* Warum? Wir wissen es nicht – nicht, weil wir dem Neugeborenen diese Dinge beibringen; nicht, weil wir sie dem ein oder zwei Jahre älteren Kind beibringen. Wir lehren es keine Sprache oder erzählen ihm, dass es einer bestimmten Religion oder einer bestimmten Nation angehören müsse. Aber tatsächlich wird dieses kleine Kind ein indisches, ein italienisches, ein englisches oder ein russisches Kind, ein faschistisches oder ein demokratisches Kind, ein christliches oder ein hinduistisches Kind. *Was ist das für eine Kraft im Kind, all dies zu absorbieren und zu inkarnieren?* Denn es handelt sich tatsächlich um eine *Inkarnation.*

Sehr wichtig ist auch, dass diese Inkarnation, die im Kind stattfindet, so nachhaltig, so profund, so tief ist, *dass die menschliche Persönlichkeit sie niemals verlieren kann.* Was das Kind absorbiert und in sich erschafft, wird so lebendig in ihm, dass es zu seiner Persönlichkeit wird. Sie wissen alle sehr gut, dass in Ihnen diese Kraft lebt, dieses Feuer, das sich in der Persönlichkeit inkarniert.

Wie steht es mit weiteren Einzelheiten? Wir können sehen, dass im Wachstum des Kindes nach und nach diese Fähigkeiten vorhanden sind, einen Teil unserer geistigen Funktionen zu entwickeln. *Diese Kraft der Inkarnation ist die Kraft der Schöpfung. Sie ist einzigartig und unwiderstehlich.* Es ist unmöglich, das aufzunehmen, was das Kind nicht für uns aufgenommen hat. Sehr vieles von dem, was wir besitzen, hat das Kind für uns geschaffen. Tatsächlich haben wir keine andere Kraft.

Es ist sehr seltsam, dass die Wissenschaft der Psychologie gerade erst angefangen hat, im Kind diese großartige Kraft zu sehen, die Rasse, die

Kaste und andere Eigenschaften so tief zu inkarnieren. Viele Menschen sind indessen gewohnt zu sagen, das sei *Vererbung*. Aber diese angebliche Tatsache der Vererbung ist in Wirklichkeit der Aufbau dieser Eigenschaften im Kind durch einige einzigartige Aufbaukräfte.

Einen anderen interessanten Punkt, der für die Praxis von Bedeutung ist, stellt die Fähigkeit des Kindes dar, *Wissen und Kultur aufzunehmen*. Das Kind kann im frühen Alter viel mehr Unterweisung, viel mehr Kultur absorbieren als später. Auch das ist eine Offenbarung des Kindes. Das Kind kommt zu uns und sagt: »Ich werde euch ein Gesetz verraten – das göttliche Gesetz des Aufbaus des Menschen durch das Kind. Ich kann von euch viel Wissen aufnehmen, weil ich zu diesem Zweck zu euch geschickt wurde, und ich bin mit dieser Fähigkeit hier, um möglichst viele der unterschiedlichen Aktivitäten aufzunehmen, welche die Zivilisation ausmachen.«

Es war solch eine große Offenbarung, als wir sahen, wie kleine vierjährige Kinder anfingen, Wörter zu schreiben. (In meiner Jugend war Schreiben für ältere Kinder bestimmt.) Sie schrieben nicht nur, sondern sie schrieben begeistert und mit so großem Enthusiasmus, ohne durch den Lehrer angestachelt zu werden. Denn sie haben die Fähigkeit, das *Potenzial*, alles aufzunehmen, was zum Menschen gehört. Das Kind hat diese Kräfte, Dinge aus der Umgebung aufzunehmen. *Sein Geist ist in der Lage zu absorbieren, und wenn sein Geist absorbiert, inkarniert er.* So kommt es, dass diese kleinen Kinder unsere Kultur bereitwillig aufnehmen können.

Nach dieser ersten Erfahrung haben wir noch etwas anderes Wichtiges beobachtet, nämlich die *Art*, wie das Kind aufnimmt. Wenn das Kind seine Fähigkeiten entwickeln will, verfährt es ganz anders, als es unseren Vorstellungen von einer Übertragung der Kultur entspricht. Seine Methode ist ganz anders, als üblicherweise in der Schule gelehrt wird. Dies ist auch eine Lehre, die uns das Kind vermittelt: Wenn ich ein guter Lehrer werden möchte, müsste ich das Kind fragen, was ich tun kann. Wenn ich das Kind frage, ist es so freundlich, mir zu antworten: »Du selbst tu bitte nichts. Du kannst für mich direkt nichts tun.« Es spricht wie der Philosoph aus Griechenland, der in einer Tonne lebte. Der König, der diesen Philosophen sehr bewunderte, ging zu ihm und fragte: »Was kann ich für dich tun?« Der Philosoph antwortete: »Bitte tritt ein wenig zur Seite, weil das

Sonnenlicht dort sonst nicht durchkommen kann.« Und diese Antwort gleicht der süßen Antwort des Kindes sehr.

Aber wir können doch etwas für das Kind tun. Sicherlich können wir viel mehr tun als gegenwärtig, wo die Erwachsenen zu wenig für das Kind tun. Schauen Sie, was der Erzieher für das Kind tut. Er redet dauernd auf das Kind ein und macht sich falsche Vorstellungen, weil er denkt, das Kind verstünde nichts. Wenn das Kind nicht fähig ist, für die langweiligen Dinge, welche die Erwachsenen sagen, Interesse zu zeigen, dann werden diese streng und zwingen es, das zu wiederholen, was sie gesagt haben. Aber das Kind ist nicht nur eine kreative Persönlichkeit, sondern eine Persönlichkeit, die sogar mit Gott selbst in Kontakt treten kann. Es kann jedoch nicht in diesen Kontakt treten, wenn es nicht eine gewisse Unabhängigkeit vom Erwachsenen erlangt hat.

Das Kind strebt zuerst nach seiner Unabhängigkeit, nicht weil es nicht wünscht, vom Erwachsenen abhängig zu sein, sondern weil es in sich ein Feuer hat, einen gewissen Drang, bestimmte Dinge zu tun und andere Dinge nicht. Das ist *sein inneres Gesetz*. Aber wie viel Sie auch immer sprechen und sprechen, dabei erreichen Sie nichts.

Denn *das Kind kann nicht direkt, sondern nur indirekt aufnehmen.* Darin besteht das, was das Kind uns lehrt.

Damit das Kind die Gelegenheit bekommt, indirekt aufzunehmen, müssen unsere Unterrichtsmethoden sich radikal ändern. Wir können in seiner Umgebung Dinge anbieten, unter denen es wählen und die es nehmen kann. Es würde zu lange dauern, diese Methode zu beschreiben, aber wir haben die Gestalt des neuen Meisters vor uns, des *neuen Lehrers,* der das Geheimnis des Kindes durchdrungen hat und demütig seine Arbeit bewundert, die mit dem Wachstum des Menschen zu tun hat. Dieser neue Lehrer wird das Kind nicht stören, sondern wird ihm in jedem Augenblick seines Lebens dienen. Er wird wie ein Gefolgsmann dieser heranwachsenden Person sein. So wird er nicht zu einem Lehrer, sondern zu einem *Diener Gottes.*

Es ist wichtig, zu verstehen, dass das Kind nicht nur mit dem Geist aufnimmt, sondern auch mit seinen Händen und seiner Aktivität. Das ist so, weil das Kind mit seiner ganzen Persönlichkeit aufwächst, die aus Charakter, Gefühl, Geist, Wissen, Aktivität besteht, wobei alles miteinander verbunden ist, und all dies bringt es auf ein immer höheres Niveau, aber stets innerhalb der Grenzen seiner Natur. –

So haben wir viele wichtige Dinge kennengelernt. Das Kind vermittelt uns Wissen über unsere Unterrichtsmethoden in der Schule. Etwas, das wir für die Praxis gelernt haben, ist, dass wir das kleine Kind, weil es so unbewusst absorbiert, an *einen Ort* bringen müssen, *an dem es absorbieren kann*. Wir haben das Kind zum Beispiel in Gruppen von weiter Fortgeschrittenen getan, und das kleine Kind hat vom älteren Kind aufgenommen und viele fortgeschrittene Dinge gelernt. Es war eine sehr beeindruckende und seltsame Beobachtung für uns, ein dreijähriges Kind in eine Gruppe mit vierjährigen Kindern gehen zu sehen, die schreiben lernten. Das dreijährige Kind verstand das Schreiben allmählich. Und dann geht das vierjährige Kind in die Klasse der sechsjährigen Kinder und fängt an, für sich selbst Wissen aus den Fächern aufzunehmen, die diese lernen. *Diese Kinder absorbieren wie ein Schwamm*. Diese geistige Kraft des Kindes ist wundervoll.

Nur können wir nicht direkt unterrichten. Es ist notwendig, dass das Kind sich selbst unterrichtet, und dann ist der Erfolg groß. Aber ich glaube, am wichtigsten, insbesondere aus der Perspektive der

Gesellschaft, ist die Tatsache, dass das Kind Schritt für Schritt einen Teil jeder Art von Wissen und auch einige eigene Erfahrungen absorbieren kann.

Jetzt möchte ich weit ausholen. Nehmen wir einmal an, wir hätten folgendes Problem: Wir müssten den neuen Menschen auf ein soziales Leben vorbereiten, ihn vorbereiten, mit anderen Menschen freundlich umzugehen, Liebe für die Menschheit aufzubringen. Oder nehmen wir einmal an, wir müssten ein anderes Problem lösen: Der Mensch muss heute geistig gebildeter sein als früher, weil die Wissenschaft so schnell fortgeschritten ist, dass junge Menschen heute umfassendes Wissen haben müssen, tiefgründiges und genaues Wissen, inkarniertes Wissen. Man kann das Problem lösen, indem man diese Liebe selbst von Geburt an im Kind fördert. Man wird die Liebe fördern, die das Kind bei den Erwachsenen auslöst, wenn es auf diese Welt kommt, und wird diese Liebe Schritt für Schritt durch soziale Erfahrung weiterentwickeln, durch soziale Erfahrungen, die immer weiter wachsen, bis die jungen Menschen schließlich erwachsene Männer und Frauen werden.

Wollen Sie Wissen vermitteln, Wissenschaft? Warten Sie nicht, bis die jungen Menschen fünfzehn oder achtzehn Jahre alt sind und zur Universität gehen. Bereiten Sie sie vom frühesten Alter an darauf vor, und die Wissenschaft wird im Laufe des Lebens immer weiter wachsen und so wird die Menschheit harmonischer sein.

Beschäftigen Sie sich mit dem Problem nicht nur im Rahmen öffentlicher Veranstaltungen, nicht nur an der Universität und danach, nicht erst bei der Erwachsenenbildung, sondern denken Sie daran, dass alles von Kindheit an beginnen muss, da das Kind die große Kraft der Inkarnation und einen sehr großen Verstand besitzt auf einem viel höheren Niveau, als wir uns vorstellen können. Das Kind ist in der Lage, wenn es noch so klein ist, uns Wissen über das Gesetz des Wachstums und die Unterrichtsmethoden, zum Beispiel in der Schule, zu vermitteln. Es besitzt diese Fähigkeit und kann mit dieser Fähigkeit aufnehmen, zwar nicht direkt von einem Lehrer, der spricht und spricht, sondern eigenständig durch Erfahrung. Es bringt uns viele Dinge bei, die wir nicht wussten und löst einfach und praktisch Probleme, die wir für unlösbar hielten. Wenn all dies so ist, dann wird diese neue Menschheit vielleicht die großen Probleme der Gesellschaft lösen, die für uns unlösbar waren.

Vielleicht haben nur wir, all die erwachsenen Menschen, die wir innerhalb der starren Grenzen unseres engen Verstandes denken, diese Probleme für unlösbar gehalten. Indessen sind sie vom Kind lösbar, weil es alles nicht direkt aufnimmt, sondern indirekt, indem es sich auf eine höhere Ebene begibt. Auf dieser nächsten Ebene wächst es immer weiter. Dies ist auch der Weg zur Lösung anderer Probleme. Wir können sie nicht direkt lösen, sondern sie lösen sich von selbst, wenn wir die Kraft haben, eine höhere Ebene zu betreten. Und das Kind fängt vielleicht an, die Menschheit auf diese nächsthöhere Ebene zu schieben, auf der viele oder alle für uns unlösbaren Probleme gelöst werden können.

Dies ist die Hoffnung, die wir hegen – die Hoffnung auf eine neue Menschheit, die aus dieser neuen Erziehung hervorgehen wird, eine Erziehung, die eine Zusammenarbeit des Menschen mit dem Universum darstellt, eine Hilfe für die Evolution, für die Inkarnation des Menschen.

Nachwort

von Harald Ludwig

1. Grundlagen meiner Pädagogik (1934)

Den meisten Veröffentlichungen Maria Montessoris liegen Mitschriften ihrer Vorträge zugrunde, die sie – überwiegend ohne Manuskript – im Rahmen ihrer Ausbildungslehrgänge oder bei anderen Gelegenheiten gehalten hat. Der hier ungekürzt wiedergegebene Text stellt eine Besonderheit dar. Er ist von Maria Montessori als eine zusammenfassende Darstellung ihrer pädagogischen Grundgedanken eigens für ein deutsches Handbuch für Erziehungswissenschaft verfasst worden:

Handbuch der Erziehungswissenschaft, hrsg. im Auftrag des Deutschen Instituts für wissenschaftliche Pädagogik, Münster i. W., von Franz X. Eggersdorfer u. a.; III. Teil: Pädagogik und Didaktik der Altersstufen, Bd. 1: Familien- und Kleinkinderpädagogik, von Anton Heinen †, Elisabeth Rahner, Maria Montessori, München: Kösel & Pustet 1934, S. 265–285 (zitiert als 1934 dt).

Das »Deutsche Institut für wissenschaftliche Pädagogik« in Münster war 1922 von katholischen Wissenschaftlern gegründet worden. Ihm stand der 1930 gegründete »Verein Montessori-Pädagogik Deutschlands e. V.« (VMPD) nahe, dessen Präsidentschaft Maria Montessori selbst übernahm. Der VMPD trat der 1929 gegründeten Association Montessori Internationale (AMI) bei, die ihren Sitz bis 1935 in Berlin hatte, danach bis heute in Amsterdam. Eine der führenden Persönlichkeiten des VMPD war Helene Helming (1888–1977), die nach dem 2. Weltkrieg maßgeblich den Wiederaufbau der Montessori-Pädagogik im Rheinland förderte. Nach 1933 waren in Deutschland durch das Nazi-Regime alle Montessori-Einrichtungen geschlossen und die entsprechenden Vereine aufgelöst worden. Die Übersetzung des *italienischen* Textes Montessoris ins Deutsche für das oben genannte Handbuch wurde im Auftrag des VDMP durchgeführt. Dieser deutsche Handbuch-Text wurde später veröffentlicht in:

1.) Montessori, Maria: Grundlagen meiner Pädagogik und weitere Aufsätze zur Anthropologie und Didaktik, besorgt und eingeleitet von Professor Dr. Berthold Michael, Reihe: Grundlagen und Grundfragen der Erziehung, hrsg. von Prof. Dr. Theodor Ballauff u. a., Bd. 18, Heidelberg: Quelle und Meyer 1965, S. 5–26

2.) Grundgedanken der Montessori-Pädagogik – Quellentexte und Praxisberichte, hrsg. von Harald Ludwig, begründet von P. Oswald und G. Schulz-Benesch, 25. Auflage, Freiburg: Herder 2017, S. 32–50 (erstmals 1967).

Für die vorliegende Schrift ist der deutsche Handbuch-Text von 1934 mit einer im Montessori-Archiv der Universität Münster vorhandenen Kopie des *italienischen* Typoskripts vom Herausgeber verglichen und neu bearbeitet worden.

2. Aufbauarbeit in der Erziehung (1941/42)

Maria Montessori brach mit ihrem Sohn Mario im Herbst 1939 nach Indien auf, um dort einen Ausbildungskurs abzuhalten. Wegen des Ausbruchs des 2. Weltkriegs konnte sie aber erst nach dessen Ende wieder nach Europa zurückkehren. In Indien durfte sie sich indessen relativ frei bewegen und nutzte die Zeit für Vorträge aus verschiedenen Anlässen und für Ausbildungskurse. In einem Vortrag vom 28. Dezember 1941, der 1942 in der Zeitschrift der Theosophischen Gesellschaft *The Theosophist* und auch als mehrfach nachgedruckter Sonderdruck veröffentlicht wurde, geht Montessori näher auf die Aufbauarbeit des Kindes ein.

Montessori, M.: Reconstruction in Education, in: The Theosophist LXIII (1942), n. 5 (February), p. 355–361; als Sonderdruck Adyar 1942 u. ö.

In einer *deutschen* Übersetzung aus dem Englischen durch Klaus Hünig wurde dieser Text in einem von Winfried Böhm herausgegebenen Quellenband veröffentlicht:

Montessori, M.: Die Erneuerung der Erziehung, in: Böhm, Winfried (Hrsg.): Maria Montessori – Texte und Gegenwartsdiskussion, 5. erw. u. verb. Aufl. Bad Heilbrunn: Klinkhardt 1996, S. 27–33 (erstmals 1971).

Diese Übersetzung wurde für die Neuübersetzung des Textes durch Michael Klein-Landeck und Harald Ludwig unter Mitarbeit von Lena Siebenkotten vergleichend herangezogen.

Literaturhinweise

Ausführliche Verzeichnisse von Primär- und Sekundärliteratur zur Pädagogik Maria Montessoris auf dem jeweils aktuellen Stand finden sich in jedem der Bände der Gesammelten Werke (= GW):

Maria Montessori: Gesammelte Werke, hrsg. von Harald Ludwig in Zusammenarbeit mit Christian Fischer, Michael Klein-Landeck und Volker Ladenthin, in Verbindung mit der Association Montessori Internationale (AMI), Freiburg: Verlag Herder 2010 ff.

Bisher sind folgende Bände erschienen:

Bd. 1: Die Entdeckung des Kindes, Freiburg 2010, 3. Aufl. 2015

Bd. 2/1: Anthropologische Schriften I: Frühe anthropologische Werke 1903–1906, Freiburg 2019

Bd. 2/2: Anthropologische Schriften II: Pädagogische Anthropologie, Freiburg 2019

Bd. 3: Erziehung und Gesellschaft – Kleine Schriften aus den Jahren 1897–1917, Freiburg 2011

Bd. 4: Praxishandbuch der Montessori-Methode, Freiburg 2010, 3. korrigierte Aufl. 2015

Bd. 5: Kalifornische Vorträge – Gesammelte Reden und Schriften von 1915, Freiburg 2014

Bd. 7: Das Kind in der Familie, Freiburg 2011, 2. Aufl. 2017

Bd. 11: Psychoarithmetik – Die Arithmetik dargestellt unter Berücksichtigung kinderpsychologischer Erfahrungen während 25 Jahren, Freiburg 2012

Bd. 12: Psychogeometrie – Das Studium der Geometrie basierend auf der Psychologie des Kindes, Freiburg 2012

Bd. 14: Von der Kindheit zur Jugend: Grundschule – Sekundarschule – Universität, Freiburg 2015, 2. Aufl. 2018
Bd. 15: Durch das Kind zu einer neuen Welt, Freiburg 2013, 2. Aufl. 2017

In Vorbereitung sind folgende weitere Bände:
Bd. 6/1: Die Selbsterziehung des Kindes in den Grundschulen: Grundlagen
Bd. 6/2: Die Selbsterziehung des Kindes in den Grundschulen: Praxis
Bd. 8: Gott und das Kind
Bd. 9: Frieden und Erziehung
Bd. 10: Grundlagen meiner Pädagogik
Bd. 13: Das Geheimnis der Kindheit
Bd. 16: Kosmische Erziehung
Bd. 17: Der absorbierende Geist
Bd. 18: Über die Bildung des Menschen
Bd. 19: Neue Welt und Erziehung
Bd. 20: Briefe Maria Montessoris

Zur Einführung in Theorie und Praxis der Montessori-Pädagogik geeignete aktuelle Textsammlungen mit weiterführenden Literaturhinweisen sind:

Ludwig, Harald (Hrsg.): Grundgedanken der Montessori-Pädagogik – Quellentexte und Praxisberichte, begründet von Paul Oswald und Günter Schulz-Benesch, vollständig überarb. u. erweiterte Neuausgabe, Freiburg 2017 (25. Gesamtauflage, erstmals 1967)
Böhm, Winfried (Hrsg.): Maria Montessori – Einführung und zentrale Texte, Paderborn 2010